もっと知ろう！発酵のちから

食べものが大へんしん！
発酵のひみつ

小泉 武夫 監修
中居 惠子 著

ほるぷ出版

はじめに

　『つくってみよう！ 発酵食品』『行ってみよう！ 発酵食品工場』では、発酵食品のつくりかたや、発酵食品をつくる工場の様子などをとおして、わたしたちの食生活にかかすことのできない発酵食品のことを学んできました。

　この巻では、発酵食品のとくちょうをわかりやすくまとめたうえで、人はいったいいつごろから発酵食品をつくって食べていたのか、その歴史をひもときます。また、日本各地の発酵食品や、世界の国ぐにの発酵食品も、地図を見ながらみてみましょう。そこからは、世界中の人が、とてもたくさんの発酵食品をつくり、そして食べていることがわかります。

　さらに、その発酵食品をつくる主役の微生物にはどんなものがいるのか、そして、その微生物がつくる発酵食品にはどんなとくちょうがあるのか、くわしくみてみましょう。そこからは、おいしさがつくり出されたり、食べた人の体を健康にしたりといった、すばらしい発酵食品の魅力を知ることができるでしょう。最後には、発酵食品以外で利用されている発酵パワーも紹介します。じつは、チーズや納豆、みそのような食品ばかりでなく、わたしたちのくらしや生活をささえてくれている薬や日用品、環境などいろいろな分野で、発酵は大かつやくしているのです。

　「発酵がなければ、わたしたちの生活はなりたたない」といっていいほど、大切な発酵をみんなで知って、ますます発酵ファンになってください。

発酵研究家　小泉武夫

発酵食品をつくる微生物

わたしたちのまわりには「微生物」とよばれる、目には見えない小さな生きものたちがいます。それらのなかには、食べものの形や味をかえ、おいしくへんしんさせるはたらき「発酵」にかかわるものがいます。発酵にかかわる微生物は、大きくわけて「菌」「カビ」「酵母」の3種類です。この本では食品の発酵についてはもちろん、薬や日用品、環境などさまざまな分野で利用されている発酵のちからを紹介します。

微生物の自己紹介

キンちゃん

ぼくは菌のひとつ、乳酸菌のキンちゃんさ。
ぼくのなかまには、納豆菌や酢酸菌がいるよ。
それぞれチーズやヨーグルト、納豆、酢などを
つくっているんだ。

わたしはカビのなかま、コウジカビのカービー。
みそやしょうゆなどをつくるときに
大かつやくしているの。
わたしのなかまには、かつおぶしをつくる
カツオブシカビがいるわ。

カービー

おいらはコーボ。
酵母とよばれる微生物のなかまで、
パンやビール、ワインをつくるときにかつやくするよ。

コーボ

食べものが大へんしん！ 発酵のひみつ

もっと知ろう！発酵のちから

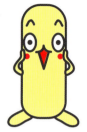

みんなー！
これから発酵食品の
ひみつをおしえるよー！

はじめに	2
発酵食品をつくる微生物	3
みつけよう！ 発酵食品のいいところ	6
発酵がつくりだす味とにおい	8
発酵食品は栄養満点	10
発酵食品で健康な毎日を	12
肉や魚が保存食に！	14
日本の発酵食品の歴史	16
こんなにたくさん！ 地域の発酵食品	18
世界の発酵食品の歴史	20
こんなところにも！ 世界の発酵食品	22

日本各地の発酵食品や世界中の発酵食品がでてくるよ！

発酵でかつやくする微生物 …………………… 24
やってみよう！　顕微鏡で微生物を見る …………………… 26

発酵におけるあわの役割 …………………… 28
やってみよう！　イーストで風船をふくらませる …………………… 30

「発酵」と「くさる」は同じ？ …………………… 32
微生物と科学者たち …………………… 34

発酵がささえるわたしたちのくらし …………………… 36
大地をつくる微生物 …………………… 38
やってみよう！　プランターコンポストづくり …………………… 40

未来をつくる発酵のちから …………………… 44

さくいん …………………… 46

発酵食品以外にも発酵はかつやくしてるんですって！

みつけよう！
発酵食品のいいところ

発酵食品のなかには、数千年も前から食べられているものもあります。
なぜ、発酵食品は世界のさまざまな地域でつくられてきたのでしょうか？
その理由をさぐってみましょう。

1 おいしさをひきだす！

発酵食品には、それぞれにとくべつな風味やにおい、舌ざわりなどがあり、食べる楽しみもあたえてくれます。

> ヨーグルトやあま酒、かつおぶし、みんなどくとくの風味やにおいがあるね（→p.8）。

ヨーグルト　　あま酒　　納豆

かつおぶし　　チーズ

2 栄養素をつくりだす！

食べものが発酵することで、栄養素がつくられ、不足しがちな栄養素をとりやすくなります。また、消化吸収しやすい形に変化します。

栄養価アップ！

チーズ　　納豆　　牛乳　　大豆

> チーズも納豆も、発酵前の食べものとくらべると、栄養価がぐーんとふえるんだ（→p.10）。

3 健康を守る！

発酵食品には、乳酸菌などの微生物がたくさんふくまれています。これら微生物はおなかに入ると、腸の調子を整えるなどして、病気にかかりにくい健康な体にしてくれます。

発酵食品は、つかれを回復させる手助けもするよ（→p.12）。

4 くさりにくくなって、長もち！

そのままおいておくとくさりやすい生の肉や魚介類も、熟成・発酵させることで、長もちするようになります。発酵は食品を保存するための技術でもあるのです。

ブタ肉をかんそうさせたあと熟成・発酵させたり、カタクチイワシを塩づけにして発酵させたりすることで、長もちするんだ。（→p.14）。

発酵食品のいいところ、これからくわしくみてみよう！

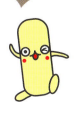 

発酵がつくりだす味とにおい

新たな味をくわえる発酵

みなさんは、味には何種類あるか知ってますか？

わたしたちの舌は、あま味、酸味、塩味、苦味、うま味の5つの味を感じとることができます。その5つの味のバランスによって、食べものの味が決まります。また、その味のバランスのちがいから、あまさにもさまざまなちがいがでるのです。たとえば、ケーキとあんこのあまさはちがうし、リンゴはあまさとすっぱさを感じますね。

発酵食品はもとの食べものと味がちがいます。たとえばプレーンヨーグルトと、その材料である牛乳の味はずいぶんちがいますね。これは発酵によって、もとの材料になかった味がくわわったためです。そのような変化をつうじて発酵は食べものの味をゆたかにするのです。

発酵食品への味の変化

ヨーグルト
乳酸菌のはたらきによって、酸味がくわわり、すっぱくなる。

あま酒
コウジカビが糖類*をふやし、あまくなる。

かつおぶし
カツオブシカビがうま味の成分をつくりだし、うま味が強くなる。

*糖類：体を動かすエネルギーになる栄養素

くさやのにおいは、くさみ？ 風味？

くさやは、発酵によってつくられる魚の干もので、たいへん強いにおいがすることで有名です。わたしたちがものを食べたとき、口の中にひろがるどくとくの味わいを「風味」といいますが、くさやのにおいが、「風味」か「くさみ」かは、人によって感想がわかれます。

また、くさやほど強くはありませんが、チーズや発酵バター、ぬかづけ、しょうゆ、みそなど、多くの発酵食品は、それぞれ特有のにおいや風味があります。このにおいや風味も発酵にかかわる微生物がつくりだしたものです。

においの強い世界の食べもの

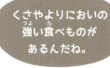

くさやよりにおいの強い食べものがあるんだね。

ホンオフェ（韓国） においの強さ 6230Au
ガンギエイというエイの切り身をつぼに入れて発酵させたもの。発酵によって身はやわらかくなるが、強いアンモニア臭をはなつ。

シュールストレンミング（スウェーデン） においの強さ 8070Au
ニシンを使った発酵食品。うすい塩味の液が入ったかんの中にニシンを入れて発酵させる。世界で1番くさい食べものとして有名。

くさや（日本） においの強さ 1267Au
アジやトビウオの開きを長年使い続けたくさや汁に半日から1日つけて、天日でほしたもの。

※Au（アラバスター）は、ある会社がつくったにおいの強さをはかる器械の測定単位。国際的に使われている単位ではない。

\知りたい！/ 発酵まめちしき

くさや汁のひみつ

塩が貴重品だった江戸時代のはじめ、伊豆七島では、塩のかわりに海水に魚の開きをつけて干ものをつくっていました。同じ海水につぎからつぎへと魚をつけるうちに、海水が発酵してどくとくのにおいをはなつようになり、このにおいが食欲をそそると評判になったそうです。この干ものをつける液（くさや汁）は、こうしてうまれました。

また、むかしはくさや汁がケガの治療薬にも使われていました。今では研究によって、くさや汁に抗菌作用があることがわかっています。

くさや汁

発酵食品は栄養満点

栄養素をつくりだす

発酵食品ができるとき、微生物のはたらきによって栄養素がふえ、食品の中にたくわえられます。とくに、カルシウムや亜鉛などのミネラルや、ビタミン類が多くつくられます。ミネラルやビタミンは、人が生きていくためにはかかせない栄養素ですが、体の中でつくりだすことはできないため、食べものからとる必要があります。牛乳からできる発酵食品のチーズは、その種類や加工方法によって栄養価がかわりますが、健康に必要な栄養素が豊富になっています。

 牛乳 100g　 プロセスチーズ 100g　 ナチュラルチーズ（パルメザン）100g

プロセスチーズはナチュラルチーズを加熱してかためたものだよ。

カルシウム
骨や歯のもとになる栄養素。ミネラルのひとつ。

- 牛乳　110mg
- プロセスチーズ　630mg
- ナチュラルチーズ（パルメザン）　1300mg

亜鉛
新しい細胞をつくるのにかかせない栄養素。

- 牛乳　0.4mg
- プロセスチーズ　3.2mg
- ナチュラルチーズ（パルメザン）　7.3mg

ビタミンK
骨をつくるのを助ける栄養素。

- 牛乳　2μg
- プロセスチーズ　2μg
- ナチュラルチーズ（パルメザン）　15μg

ビタミンB_2
ひふなどの健康を助ける栄養素。

- 牛乳　0.15mg
- プロセスチーズ　0.38mg
- ナチュラルチーズ（パルメザン）　0.68mg

（2015年度版「日本食品標準成分表（七訂）」をもとに作成）

納豆にへんしんして栄養価がアップ!

大豆は、日本人にはなじみ深い食べものです。「畑の牛肉」とよばれるほどタンパク質*が多く、牛肉にくらべてコレステロール*が少ないので、健康食品として外国でも注目されています。

発酵食品のひとつである納豆ができるとき、大豆のタンパク質は消化吸収しやすい形にかわります。そのほか、納豆菌がつくりだしたビタミン類、とくに、子どもの成長に必要なビタミンKが大きくふえていることがわかります。

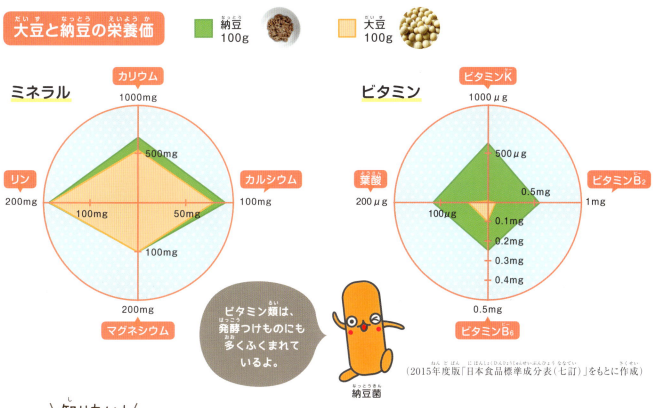

ビタミン類は、発酵つけものにも多くふくまれているよ。

(2015年度版「日本食品標準成分表(七訂)」をもとに作成)

\知りたい!/ 発酵まめちしき

平安時代の高級品「醍醐」

「醍醐味」ということばを聞いたことがありますか。これは、ほかのなにものにもかえられない最上のものという意味で、もともとは「醍醐」という乳製品から生まれたことばです。醍醐は、仏教の教えのなかにもでてくることばで、ウシやヒツジの乳を煮つめてつくるチーズのようなものだと考えられています。

ざんねんながら、醍醐のつくりかたははっきりわかっていませんが、奈良時代から宮中で食べられていた「酥」とよばれる乳製品は右の写真のように再現されています。

奈良・平安時代の貴族が食べていた酥

*タンパク質:人の体をつくる栄養素
*コレステロール:脂質のひとつ。必要な栄養素だが、とりすぎると体にわるい影響をあたえる

発酵食品で健康な毎日を

飲んで元気に！　発酵飲料

発酵食品は食べものだけではなく、飲みものでもたくさんあります。

たとえば、中国でよく飲まれているプーアール茶や、徳島県の阿波晩茶などは、むしたお茶の葉を発酵させてつくります。また、牛乳をもとにつくったものには、飲むヨーグルトや、ヤクルト、カルピスなどがあります。そのほか乳製品を使ったさまざまな発酵飲料は世界中にたくさんありますが、インドのラッシーやトルコのアイランなどが有名です。また、酢を水でわって、飲むこともあります。

これらの発酵飲料は、つかれの回復を手助けしたり、腸の調子を整えたりするなど健康な体をつくるのに役立っています。

プーアール茶
「熟茶」と「生茶」があり、熟茶は緑茶をコウジカビで発酵させてつくられる。血液の流れをよくするといわれる。

阿波晩茶
徳島県の特産品でもある乳酸発酵茶。便秘を改善するなど、腸の調子を整える効果があるといわれる。

ラッシー
水牛の乳からできるヨーグルトに、水か牛乳を入れてつくった飲みもの。塩や砂糖、くだものを入れることもある。

アイラン
ヨーグルトに水と塩をまぜた飲みもの。ニンニクやコショウを入れたり、水のかわりにキュウリのしぼり汁を入れたりすることもある。

黒酢
玄米を発酵させてつくる穀物酢で、ツンとした酢のしげきが少ない。水などでわって飲める。つかれを回復してくれる効果がある。

無塩つけもので健康に

発酵つけものは、やさいの栄養にくわえて、乳酸菌がうみだした栄養や、つけどこの栄養もいっしょに食べることができます。そして、おなかの中に入った乳酸菌が食物繊維とともに、腸の調子を整えたり、病気などにかかりにくくしたりする手助けもしてくれます。

一般的につけものをつくるときには塩を使いますが、塩を使わずに発酵させてつくるつけものもあります。これらを「無塩つけもの」といい、塩分が少ない食品として注目されています。

無塩つけものの代表すんきづけ

赤カブ

赤カブの葉を、すんき種（あらかじめ発酵させていたすんき）に入れて発酵させる

発酵

すんきづけ

長野県木曽地方の無塩つけもの。塩を使わないので、くさらないように冬の一番寒い時期につけて、じょじょに発酵させる。

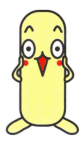

すんきは、赤カブの葉をつけたつけもののことだよ。

＼知りたい！／ 発酵まめちしき

内モンゴルの発酵食品をヒントに生まれた乳酸菌飲料

みなさんがよく知っている「カルピス」も、発酵飲料のひとつです。「カルピス」は、中国大陸のおくにある内モンゴルの「酸乳」をヒントに誕生しました。今から100年ほど前、この地をおとずれていた三島海雲は、長旅で体調をくずしていましたが、現地の人びとが飲んでいた酸乳を飲んだところおどろくほど元気になりました。酸乳は乳を発酵させた飲みもので、海雲がこれをヒントに日本でつくりだしたのが「カルピス」です。

現在、日本では「カルピス」以外にもさまざまな乳酸菌飲料がつくられています。

発売当初の「カルピス」

肉や魚が保存食に！

肉を長もちさせる生ハム

　肉はそのままでは長もちしないので、人びとはむかしから保存のしかたをくふうしてきました。そのひとつに、ヨーロッパや中国などでつくられる、生ハムがあります。

　生ハムは、ブタのもも肉を生のまま塩づけしたあと、かんそうさせて10か月以上すずしい場所につるし、熟成させてつくります。このとき、乳酸菌によって発酵がすすみ、肉は生のままでもくさらずに保存できるのです。さらに乳酸菌は食べものをくさらせる菌をよせつけないはたらきもします。

　また、肉の消費量が多いヨーロッパでは、ひき肉などをブタの腸につめて発酵させてつくるサラミもつくられてきました。

生ハムは発酵・熟成させることで、味も豊かになるね。

生ハムとサラミ

ハモン・セラーノ
スペインの生ハム。塩づけした白ブタのうしろ足を長期間つるしてかんそうさせる。スライスして生で食べるほか、グラタンやスープにも使われる。

金華火腿（金華ハム）
中国の生ハムで、カビつけして2年以上かけてつくられる。できあがったものは、かつおぶしのようにかたい。中華料理のスープなどに使われる。

サラミ
おもにブタのひき肉に塩やコショウなどをまぜ、それをブタの腸につめたあと、乳酸菌などによって発酵させてつくる。イタリアで生まれた。

魚介類を長もちさせる発酵食品

肉だけではなく、魚介類にもさまざまな発酵食品があります。

魚介類の身や内臓を塩づけにして発酵させた塩辛が、魚介類を使った最初の発酵食品だと考えられています。また、魚やエビ、イカなどを塩づけにして、液体になるまで発酵させた「魚しょう」という調味料も古くからつくられてきました。

海にかこまれている日本では、イワシやサバをぬかづけにしたへしこ、伊豆七島でつくられたくさやなど、魚介類を使った発酵食品がたくさんあります。また海外でも、地中海などでとれるカタクチイワシを原料にした発酵食品「アンチョビ」があります。

魚介類を使ったおもな発酵食品

イカの塩辛
イカの内臓に塩をまぜ、そこにイカの身を入れて発酵させたもの。

しょっつる
秋田県名産の魚しょう。ハタハタやイワシなどに塩とこうじをまぜ、長期間発酵させてつくる。おなべやラーメンなどの味つけに用いられる。

へしこ
塩づけしたサバなどを米ぬか、塩、トウガラシなどでつけこんだもの。福井県若狭地方の郷土料理。

アンチョビ
頭と内臓を取りのぞいたカタクチイワシを塩づけし、発酵させてつくる。オリーブオイルをくわえ、かんづめやびんづめにする。

知りたい！保存食まめちしき

ナポレオンとびんづめ

今ではスーパーやコンビニなどで見かけるびんづめやかんづめですが、どちらも食べものを保存するために考えられた技術です。19世紀はじめ、フランスのナポレオンは、遠くまで戦争に行くときでも、兵士が健康でいるためには、食べものを新鮮なまま保存する方法が必要だと考えていました。そこで料理人のアペールが考えたのが、びんづめでした。びんづめは、びんに食べものをつめて密封したあと、加熱することで食べものの長期保存を可能にし、その後、ブリキを使ったかんづめの発明にもつながっていきます。

アンチョビのびんづめ

日本の発酵食品の歴史

古代(縄文・弥生・古墳時代) 約14000年前～8世紀はじめ	飛鳥時代 6世紀中ごろ～710年	奈良時代 710～794年	平安時代 794～1185年	鎌倉時代 1185～1333年
● くだものを使った酒がつくられる ● 魚しょうの原型ができる ● 雑穀による酒づくりがはじまる ● しょうゆやみそのルーツである、ひしお*ににたものがつくられる	● 中国からひしおがつたわる	● やさいをつけものにして食べはじめる ● こうじを使った酒づくりがはじまる ● なれずしが食べられるようになる ● かつおぶしの原型となるカツオを煮てほした堅魚がつくられはじめる	● 宮廷に酒づくりを専門にする酒造司という役所がおかれる ● 酒造司で宮中用の食酢づくりがおこなわれる ● ふなずしが宮廷に献上される ● 地位の高い人たちが、みそを食べるようになる	● こうじづくりを専門にする「麹座」があらわれる ● 金山寺(径山寺)みそがつたわり、しょうゆができる ● みそ汁がつくられるようになる

> くだものや雑穀でお酒をつくっていたよ

> 最初、みそは食べものにつけたり、そのままなめたりして使われていたよ

古くから利用されたコウジカビ

　日本では、古代からヤマブドウやキイチゴなどの果実を発酵させてつくった酒がのまれていました。その後、こうじを使うことで日本の発酵食品は大きく発展しました。奈良時代の酒づくりをはじめ、その後もみそやしょうゆなど、さまざまな発酵食品づくりにかかせないものとなりました。室町時代になると、コウジカビからつくった「たねこうじ」を売る商人が登場します。そして江戸時代には、現在わたしたちが食べている発酵食品の多くがつくられるようになりました。

＊ひしお：肉や魚の内臓、大豆などを塩につけこんで発酵させたもの。しょうゆやみそのルーツ

江戸時代に酒かすからつくられるかす酢が登場したことで、おすしが大流行した。左の写真はかす酢づくりに使われた蔵を再現したもの

大きな戦がなく、政治が安定していた江戸時代に発酵食品が大きく発展したのよ。

室町時代 1336〜1573年	安土桃山時代 1573〜1603年	江戸時代 1603〜1868年	明治・大正・昭和・平成時代 1868年〜
● たねこうじを売る「こうじ売り」が登場する ● 糸引き納豆がつくられるようになる ● 発酵パンが種子島につたわる ● 酒づくりやしょうゆづくりの技術が大きく発展する	● みりんがつくられるようになる	● ぬかづけやかつおぶしがつくられるようになる ● 江戸の町に糸引き納豆売りが登場する ● 現在のしょうゆにつながる、濃口しょうゆや淡口しょうゆが生まれる ● 食酢が量産されるようになる ● くさやがつくられるようになる ● 一般の人びとにあま酒が飲まれるようになる	● 東京の銀座で発酵パンの製造がはじまる ● ヨーグルトやチーズなど、乳製品の製造がはじまる ● ビールやワインの製造がはじまる ● 池田菊苗博士が「うま味」を発見する ● コウジカビでつくる胃腸薬が高峰譲吉博士により開発される ● さまざまな産業に発酵技術が利用されるようになる

たねこうじは、コウジカビを育てかんそうさせたもので、こうじづくりにはかかせない

戦国時代の安土桃山時代が終わり、江戸時代に入ると、みそやしょうゆをつくる大きな工場も登場するよ

うま味はタンパク質が分解されてつくられる、グルタミン酸などの物質で、発酵食品にもたくさんふくまれているよ。

和食をつくった調味料

　日本の伝統的な食事、和食では、しょうゆとみそが重要な役割をはたしています。みその原型である「みしょう」は、飛鳥時代に中国からつたわったひしおから生まれました。そして、みしょうが発展して、みそがつくられたのです。しょうゆは、鎌倉時代につたわったとされる「金山寺（径山寺）みそ」のおけにたまった液体を、調味料として使ったのがはじまりとされています。みそとしょうゆの登場で、現在わたしたちが食べている和食の基礎ができていきました。

こんなにたくさん！地域の発酵食品

日本各地には、むかしから食べられてきた郷土料理があります。郷土料理は、その地域に根づいた食材を使ってつくられますが、そのなかには発酵を利用してつくられたものも数多くあります。ここでは、日本のおもな郷土料理にみられる発酵食品を紹介します。

沖縄県 とうふよう
島どうふを少しかわかしてから、こうじとあわもりに塩、さとうなどをまぜた汁に半年ほどつけて、発酵させる。

京都府 すぐきづけ
発酵つけもののひとつ。すぐきカブを塩につけ、天びん押しというてこの原理を利用して強い圧力をかけるのがとくちょう。

鳥取県 らっきょうづけ
砂きゅう畑でとれた特産のらっきょうを塩づけで発酵させてつくる。

高知県 碁石茶
山茶の葉をむして、カビをつけ発酵させる。むしたときにできた茶の汁をかけてねかせ、乳酸菌で発酵させたお茶。

熊本県・福岡県 高菜づけ
高菜を塩でつけて発酵させてつくる。

鹿児島県 黒酢
どくとくの形のつぼでつくるので、つぼ酢ともいう。玄米とこうじ、水をまぜて数か月、発酵・熟成させてつくる。

北海道 めふん
塩辛のひとつ。サケやマスの腎臓を塩に半年ほどつけ、発酵させてつくる。

青森県 アケビのなれずし
アケビの皮を熱湯にとおし、もち米とヤマブドウ、さとうなどをまぜたものをつめて、おけにならべてふたをし、2か月ほど発酵させてつくる。

新潟県 かんずり
トウガラシの辛味調味料。秋に塩づけしたトウガラシを真冬に雪の上に広げてほし、その後、ユズやこうじ、塩などとまぜ、3年ほど発酵・熟成させる。

秋田県 いぶりがっこ
発酵つけもののひとつ。ダイコンなどをけむりでいぶしてから、塩と米ぬかにつけて発酵させる。

東京都 くさや
伊豆七島の新島や大島、八丈島でつくられる。発酵がすすんだつけ汁に、開いた魚を1日ほどつけ、そのあと天日ぼしする。

長野県 すんきづけ
塩を使わない無塩つけもののひとつ。赤カブの葉と茎を熱湯にとおし、前年につくったすんきづけをくわえて発酵させる。塩を使わないので、真冬につくる。

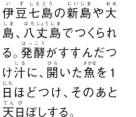

滋賀県 ふなずし
卵をもったニゴロブナの内臓を取りのぞき、1年間ほど塩づけしたあと、ごはんとフナをかさねて、1年ほど発酵させる。

和歌山県 金山寺みそ
なめみそのひとつ。大豆に大麦のこうじ、塩をまぜ、きざんだナスやウリ、ショウガなどを入れて発酵させる。

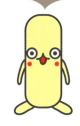

発酵食品のよさが見直されて、ふたたびつくられるようになったものもあるよ。

世界の発酵食品の歴史

原始
～紀元前7世紀

- 紀元前4000～3000年ごろ、古代エジプトで**発酵パン**がつくられる
- 紀元前3500年ごろ、中近東でヤギやヒツジの乳から**ヨーグルト**や**チーズ**がつくられる
- 紀元前3500年ごろ、現在のイラクあたりにさかえたメソポタミアで**ビール**がつくられる
- 紀元前1000年ごろ、中国で、なれずしの原型となる食べものが食べられる

古代
紀元前7世紀～4世紀末

- 紀元前7世紀ごろ、中国で**ひしお**がつくられる
- 紀元前3世紀ごろ、古代ローマにパン職人の学校ができる
- 紀元前1世紀ごろ、古代ローマで**魚しょう**が使われる
- 中央アジアでは、ウマの乳からつくる酒が飲まれていた
- 古代ギリシアでは、チーズをつくるときにできるホエー（乳清）を健康や美容に利用していた

中世
4世紀末～15世紀末

- 6世紀ごろ、ヨーロッパで**バター**が食べられるようになる
- 9世紀、イタリアで**ゴルゴンゾーラチーズ**がつくられる
- 13世紀になると、ふっくらとした発酵パンがヨーロッパ全体に広がる
- 13世紀、韓国で**キムチ**の原型の記録がのこされる

  最初のキムチはからくなかったんだ。

- 13世紀、スイスで**エメンタールチーズ**がつくられる

大むかしから食べられていた発酵食品

　人類がいつから発酵食品を食べていたのかについて、はっきりした時期はわかっていませんが、人類が文字などを使って記録をのこすようになる前には、すでに発酵食品の原型ができていたと考えられています。

　文明が生まれてからは、人びとが生活していたあとが遺跡としてのこっているため、そこからどんな発酵食品を食べていたかが、わかってきました。

ワインは紀元前3000年ごろにはつくられていたわ

発酵食品は古くから世界中で食べられていたけど、おいらたち微生物のはたらきによるものだとわかったのは、つい最近のことなんだ。

近世・近代 16世紀ごろ〜20世紀はじめ	現代 20世紀はじめ〜
● 16世紀ごろ、イギリスで**チェダーチーズ**がつくられる ● 17世紀、韓国のキムチにトウガラシが使われるようになる ● 1674年、オランダ人のレーウェンフックが手製の顕微鏡で微生物を観察する ● 1868年、アメリカのルイジアナ州で**タバスコ**がつくられる ● 19世紀中ごろ、フランスの細菌学者パスツールが、微生物が発酵に深くかかわっていることを発見する	● 1929年、青カビから抗菌物質ペニシリンが発見され、感染症の薬となる ● 発酵のはたらきを利用して、さまざまな薬（抗がん剤、糖尿病や心臓病、高血圧症の薬など）がつくられる ● 発酵のはたらきを利用して、さまざまなアミノ酸*がつくられるようになる ● 生活排水や工業排水などのよごれを発酵のはたらきで取りのぞき、地球環境を守ることがはじまる

このとき、わたしたち微生物が発見されたのよ。

知りたい！ 発酵まめちしき

古くから使われた調味料

紀元前1世紀ごろ、古代ローマの美食家アピキウスがかいた料理書のなかには、世界最古の調味料※として、魚介類を使った調味料「魚しょう」が紹介されています。現在では、東アジア、東南アジアの国ぐにで魚しょうの生産がさかんで、国や地域によってさまざまな種類があります。

東南アジアで使われる魚しょう

★ ナンプラー（タイ）
★ パティス（フィリピン）
★ ペティス（ジャワ）
★ ケチャップ・イカン（インドネシア）
★ ブド（マレーシア）
★ ニョクマム（ベトナム）
★ トゥックトレイ（カンボジア）

＊アミノ酸：タンパク質をつくる栄養素
※世界最古の調味料は、塩や酢であるという説もあります。

こんなところにも！ 世界の発酵食品

日本各地でさまざまな発酵食品がつくられてきたように、世界でもむかしから気候や環境、手に入る食材や食品のちがいをいかした発酵食品がつくられてきました。ここでは、各国でつくられている、おもな発酵食品を紹介します。

スペイン・イタリア

アンチョビ

カタクチイワシの頭と内臓を取りのぞいてから塩づけし、発酵・熟成させ、オリーブオイルにひたしたもの。

ドイツ

ザワークラウト

発酵つけもののひとつ。千切りにしたキャベツを1か月ほどかけて発酵させる。

トルコ

アイラン

ヨーグルトでつくる飲みもの。ヨーグルトと同量の水に食塩をまぜてつくる。

レバノン

キシュク

ラバンというヨーグルトのような発酵乳に小麦粉をくわえてかんそうさせたもの。水をくわえて弱火にかけ、おかゆのようにして食べる。

エチオピア

インジェラ

発酵パンのひとつ。イネ科の植物のテフを発酵させて、鉄板でうすくやく。煮こみなどのおかずをのせて食べる。

ロシア

スメタナ

サワークリームのひとつ。生クリームを発酵させてつくる。

インド

ナン

発酵パンのひとつ。小麦粉を発酵させたものを、かまにはりつけてやく。カレーといっしょに食べる。

中国

プーアール茶

発酵茶のひとつ。緑茶をむしてから圧力をかけてレンガのようなかたまりにし、カビを使い発酵させるお茶。

韓国

キムチ

ハクサイなどのやさいを、塩やトウガラシ、ニンニクにつけて発酵させた、からいつけもの。

アメリカ

タバスコ

とてもからい調味料。すりつぶしたトウガラシを発酵させてつくる。

メキシコ

プルケ

リュウゼツランの一種、マゲイという植物の樹液を発酵させてつくる酒。

タイ

ナンプラー

魚しょうのひとつ。タイ料理にはかかせない調味料。

フィリピン

ナタ・デ・ココ

ココナッツの実の中の水分に、水とさとうをくわえ、酢酸菌で発酵させる。デザートとして食べられる。

インドネシア

テンペ

大豆を発酵させた納豆に近い食べもの。かたまりになっていて、糸は引かない。

オーストラリア　ニュージーランド

ベジマイト

ビール酵母を原料にしたペースト。パンにぬって食べたり、スープの味つけに使ったりする。イギリスにもマーマイトというビール酵母を使ったペーストがある。

ブラジル

ポン・デ・ケイジョ

キャッサバというイモのなかまを発酵させた粉を使ってやく。

発酵でかつやくする微生物

発酵の主役・微生物

　発酵食品をつくるときかかせないのが、微生物のちからです。そのなかでも、おもに菌のなかまの乳酸菌や納豆菌、酢酸菌のほか、酵母（イースト）類、カビ類がはたらいています。
　乳酸菌は、ヨーグルトやチーズ、発酵つけものなどをつくるときにはたらいています。納豆菌は糸引き納豆をつくるときに、酢酸菌はおもに酢をつくるときに、かつやくします。
　酵母類には、パンづくりで重要なパン酵母や、ワインをつくるワイン酵母などがいます。カビ類のコウジカビは、和食をささえる微生物で、みそやしょうゆ、酒づくりなどにかかわっています。

発酵にかかわるおもな微生物

乳酸菌
乳酸菌のひとつ、ラクトバチルス・ブルガリクス

酢酸菌
酢酸菌のひとつ、グルコンアセトバクター・インターメディウス

酵母
パン酵母のひとつ、サッカロミセス・セレビシエ

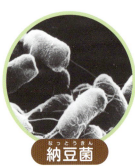
納豆菌
納豆菌のひとつ、バチルス・ナットウ

コウジカビ
コウジカビのひとつ、アスペルギルス・オリゼー

微生物がおこなう分解と発酵

微生物は生きるために、さまざまなものを食べ、分解して、エネルギーにしています。そしてそのとき、新しい物質をつくりだしています。たとえば乳酸菌を牛乳の中に入れると、牛乳にふくまれる乳糖を食べて、乳酸という新しい物質をつくります。この乳酸のはたらきによって、牛乳がヨーグルトになります。同じように、納豆をつくる納豆菌も大豆にふくまれるタンパク質を分解するときに、アミノ酸をつくります。このアミノ酸が、納豆のねばねばや、どくとくの味と食感をつくりだすのです。

このように微生物が人に役立つ物質をつくりだす活動を発酵とよびます。

納豆菌がおこす分解と発酵

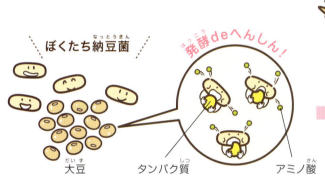

納豆に！

人間の役に立つ発酵をおこなえるのは、一部の微生物だけよ。

納豆菌が大豆につくと…

大豆のタンパク質を納豆菌が分解し、アミノ酸を出して大豆をねばねばにする

新しくつくられたアミノ酸によって、味や食感がかわって納豆ができる

\ 知りたい！/ 発酵まめちしき

微生物の大きさって、どれくらい？

微生物は、肉眼では見えない小さな生きものです。その大きさは、乳酸菌が0.5〜10マイクロメートルていど、パン酵母が3マイクロメートルていど、コウジカビはだいたい45マイクロメートルです。1マイクロメートルは、1ミリの1000分の1ですから、パン酵母だと333個がつながってやっと1ミリメートルほどの長さになります。とても小さいので、観察するときには、顕微鏡を使って、数百〜1500倍くらいに拡大して見ます。

数百倍に拡大して見える光学顕微鏡

やってみよう！ 顕微鏡で微生物を見る

ドライイーストは、酵母をかんそうさせて、活動をやすませたものだよ。ドライイーストを水でもどして、顕微鏡で観察してみよう。

ステップ1 ドライイーストをもどす

準備するもの

道具
★ ボウル…2つ（ひとつは大きめ）
★ スプーン
★ 温度計

材料
★ ドライイースト…1g
★ 水…15mL（大さじ1）
★ ぬるま湯（37℃くらい）

注意 ボウルやスプーンは、洗剤でよく洗っておこう！　自然かんそうさせると、雑菌がつきにくいよ。

実験のしかた

1 あたため用の湯を準備する

大きめのボウルにぬるま湯を入れて、37℃くらいにしておく。

2 水をあたためる

1のボウルにもうひとつのボウルをうかべ、15mLの水をそそぎ、あたためる。

3 イーストをもどす

2のボウルにドライイーストを入れて、スプーンでかきまぜる。

酵母を観察する

準備するもの

道具
- ★ 光学顕微鏡　★ ペトリ皿（シャーレ）
- ★ スライドガラス　★ カバーガラス
- ★ スポイト　★ ピンセット　★ 蒸留水
- ★ すいとり紙　★ つまようじ

観察するもの
- ★ 水でもどしたイースト（酵母）

注意 つまようじは、熱湯で消毒しておこう！

実験のしかた

1 道具の準備

光学顕微鏡など観察に必要な道具を準備する。

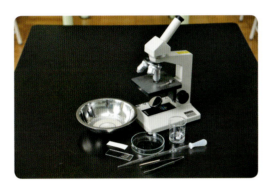

2 観察するものを準備する

水でもどしたイースト（酵母）をスポイトでとり、ペトリ皿の上に1滴たらす。その上に蒸留水を1〜2滴たらしてうすめる。

3 プレパラートをつくる

2をつまようじですくい、スライドガラスの上にぬる。ピンセットを使い、上からカバーガラスでおおう。カバーガラスからはみ出したところは、すいとり紙ですいとる。

4 観察する

プレパラートを光学顕微鏡のステージにおく。400〜600倍で、イーストのすがたが見えるので、観察する。

400倍で見たイースト

発酵におけるあわの役割

酵母が知らせる発酵のサイン

　食べものを発酵させるときに、酵母たちはあわを出すことで、その活動を知らせてくれます。たとえば、しょうゆができるとき、酵母はしょうゆの原料の中にふくまれる糖類を分解して、アルコールをつくります。このとき、いっしょに炭酸ガス（二酸化炭素）も出しているため、ぶくぶくとあわがたつのです。あわが見えるのは、発酵がすすみ、酵母が元気にはたらいているしょうこです。

> おいらがあわをつくっていたのさ。

酵母がつくるあわ

もろみ（しょうゆをつくる材料）をかきまぜているところ

もろみが発酵しているとき、酵母は炭酸ガスを出すほかに、しょうゆのかおりもつくっている。

ビールのもとになる麦汁をビール酵母で発酵させるタンク

ビールのあわも、発酵のときに酵母がつくる炭酸ガスによってうまれる。ただし、サイダーなどの炭酸飲料は、発酵ではなく、人の手で炭酸ガスをとけこませている。

パンの気泡も酵母のはたらき

　パンを切ったとき、切り口に見えるたくさんのあなを「気泡」といいます。気泡の大きさやちらばりかたでパンの食感がかわりますが、この気泡ができるのも発酵のおかげです。

　パンづくりに使われる酵母（イースト）は、パン生地の中の糖類を分解して、炭酸ガスとアルコールをつくります。しっかりこねられたパン生地はねばりけが強く、炭酸ガスをしっかりとじこめるため、よくふくらみます。そしてパン生地をやくと、炭酸ガスなどがぬけて気泡ができ、ふっくらとしたパンになるのです。

おいらがつくるあわは、食べもののおいしさに一役かっているんだ。

気泡による断面のちがい

イギリスパン
食パンにくらべると、気泡が大きく、口あたりがよい。

食パン
小さな気泡が一面にあり、バターなどがぬりやすい。食べたときにやわらかく感じる。

フランスパン
気泡が大きくてふぞろい。表の皮はパリっとしてこうばしい。

\ 知りたい！/ 発酵まめちしき

チーズの目

　イラストなどでよく見る、あなのあいたチーズは、スイスで生まれたエメンタールチーズがモデルになっています。このチーズには「チーズアイ」とよばれる数センチメートルほどのあながたくさんあいていますが、このあなは酵母のちからによってできたものではありません。エメンタールチーズができるときに乳酸菌のほかに、プロピオン酸菌という微生物がはたらき、炭酸ガスを出します。その炭酸ガスが気泡となってチーズアイができるのです。

エメンタールチーズ

やってみよう！
イーストで風船をふくらませる

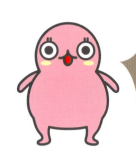

酵母（イースト）は、発酵するときに炭酸ガスを出すんだったね。それでは、その炭酸ガスで風船をふくらませることはできるかな？

・・・ 準備するもの ・・・

道具
- ★ 500mLのペットボトル…3つ
- ★ ゴム風船…3つ　★ 洗面器
- ★ 温度計
- ★ 計量カップ

材料
- ★ 水①…100mL　水②…50mL
- ★ さとう…10g
- ★ ドライイースト…6g（3gずつ、2つにわける）
- ★ ぬるま湯（37℃くらい）

風船のふくらませかた

1　さとう水をつくる

計量カップに水100mLを入れ、そこにさとう10gをくわえて、よくかきまぜてとかす。

2　ペットボトルに入れる

2本のペットボトルに、❶でつくったさとう水を50mLずつ入れる。のこりの1本には、水だけを50mL入れる。入れたらふたをしめておく。

3 さとう水と水をあたためる

洗面器にぬるま湯を入れ、37℃くらいになっているか温度計で確認する。3本のペットボトルをつけてあたためる。

4 イーストを入れる

ペットボトルがあたたまったら、さとう水を入れた1本と、水だけのペットボトルに、ドライイーストを3gずつ入れる。のこりの1本にはなにも入れず、そのままにする。

5 ゴム風船をつける

ペットボトルのふたをしめたらよくふって、ドライイーストをまぜる。まぜおえたらふたを取り、ゴム風船をつける。

6 ペットボトルをあたためる

風船をつけたペットボトルを3本ともぬるま湯につけて、20分ほどあたためる。ぬるま湯の温度が下がってきたら、入れかえる。

風船がふくらむのは、どれかな？

7 結果

さとう水とイーストを入れたペットボトルの風船だけふくらむ。

イーストが炭酸ガスを出すには、糖類が必要なんだ。だから、さとうがふくまれていない水はふくらまないよ。

「発酵」と「くさる」は同じ？

食べものをくさらせる微生物

　みなさんは、食べものをくさらせてしまったことがありますか？　食べものがくさると、いやなにおいを出したり、見た目がかわってしまったりしますね。もしまちがって食べてしまうと、まずい味がするだけではなく、おなかをこわしてしまうこともあります。

　食べものがくさることを「腐敗」といいますが、この腐敗も微生物の活動によっておこります。食べものが腐敗するとき、微生物は食べものを分解して、もとの形や色、味やにおいなどの性質をかえてしまうのです。このようなはたらきをする微生物は「腐敗菌」といいます。

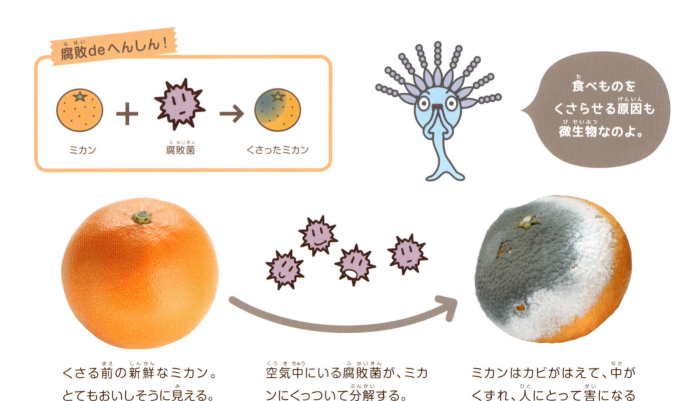

腐敗deへんしん！

ミカン ＋ 腐敗菌 → くさったミカン

食べものをくさらせる原因も微生物なのよ。

くさる前の新鮮なミカン。とてもおいしそうに見える。

空気中にいる腐敗菌が、ミカンにくっついて分解する。

ミカンはカビがはえて、中がくずれ、人にとって害になる物質ができている。

発酵と腐敗のちがい

腐敗は、微生物が食べものを分解して、もとの食べものの性質をかえることでおこります。おや、どこかで聞いたことがある話ですね。そうです、発酵のときと同じです。じつは、発酵も腐敗も、微生物からすれば同じ活動ですが、人間がよびかたをかえているのです。

ただし腐敗菌は、人の役に立たないもの、害になるものをつくります。まずい味やくさいにおいを出し、人の体に害になる食中毒の原因物質をつくりだすのです。いっぽう人に役立つ発酵は、よいかおりや味、栄養になる成分などをつくります。発酵にかかわる微生物を「発酵菌」ともよびます。

つまり、発酵と腐敗は、人の役に立つか立たないかによって区別されているのです。

発酵菌と腐敗菌のはたらき

チーズには、白カビを使って発酵・熟成させたカマンベールチーズや、青カビで発酵・熟成させたゴルゴンゾーラチーズなどがある。

くさったチーズは、いやなにおいがしたり、形がくずれていたり、カビがはえていたりする。

\知りたい!/ 発酵まめちしき

発酵食品もくさるの?

発酵食品は、もとの食品とくらべて、くさりにくく長もちするとくちょうがあります。これは、発酵によって微生物がつくりだした成分が、食品をくさらせる腐敗菌をよせつけないようにしたり、腐敗菌の数をふやさないようにしたりしているためです。しかし、保存状態が悪いと、くさってしまう場合もあるので、それぞれの食品に適した方法で保存しましょう。

チーズはかんそうを防ぎ、冷蔵庫で保存する

微生物と科学者たち

微生物を発見したレーウェンフック

　食べものの発酵や、腐敗にかかわる微生物。この微生物は今から350年ほど前に、オランダのレーウェンフックが見つけました。かれは自分でつくった顕微鏡で、いろいろなものを観察していましたが、1674年、水の中で動いている小さなものを発見し、「微小動物」と名づけました。肉眼では見られない、小さな生きものの存在を世界ではじめて明らかにしたのです。

アントニ・ファン・レーウェンフック（1632～1723年）

細菌などの微生物のほかに、血液にふくまれる赤血球などを発見した。

レーウェンフックのつくった顕微鏡のレプリカ。針の上に観察したいものをのせて、小さな球形のレンズをはめたあなからのぞくと、100～250倍に拡大して見ることができた。

微生物と発酵の関係を証明

　微生物が発酵に関係していることを証明したのが、フランスの細菌学者パスツールです。パスツールは、1860年に実験によってワインができるためには酵母が必要なことを証明し、ワインをくさらせるのも微生物のはたらきであることを発見しました。また、1866年には低温で熱をくわえることでワインを殺菌する方法も考えだしました。

ルイ・パスツール（1822～1895年）

白鳥型フラスコを使った実験で、微生物は微生物から生まれることを明らかにした。

池田菊苗、うま味の発見

みそ汁に使うダシは、コンブやかつおぶしなどからとりますが、このダシにうま味成分が入っていることは、1908年に日本の化学者、池田菊苗が発見しました。当時、食べものの味は、あま味、酸味、塩味、苦味の4つの割合で決まると考えられていましたが、舌にうま味を感じる部分があることがわかり、5つめの味としてうま味が正式に認められました。

うま味成分は、微生物の発酵によってもつくられ、今では味の素などのうま味調味料としてたくさん生産されています。

池田菊苗
(1864〜1936年)

菊苗が発見したうま味は、今では英語でもUmamiと書く。

高峰譲吉、コウジカビから胃腸薬をつくる

夏目漱石が書いた『吾輩は猫である』には、ネコの主人が「タカジアスターゼ」という胃腸薬を飲んでいるようすがたびたび出てきます。じつは、作者の漱石も胃腸が弱く、じっさいにこの薬を飲んでいました。

このタカジアスターゼは1894年、高峰譲吉が日本酒に使うコウジカビから食べものの分解を助けてくれるアミラーゼという物質をとりだしてつくりました。

タカジアスターゼを利用した胃腸薬

高峰譲吉
(1854〜1922年)

発酵の技術を薬や肥料などの製造に役立てた。

\知りたい！/ 微生物まめちしき

微生物からつくる薬で風土病をなくす

2015年にノーベル生理学・医学賞を受賞した大村智博士は、微生物をつかった研究で知られています。大村博士は、研究に役立つ微生物をいつでも集められるようにと、つねにビニール袋などの採集道具を持ち歩いているそうです。

ノーベル賞の受賞の理由になったイベルメクチンという薬も、微生物の力をいかしてつくられました。熱帯地方の風土病*の治療薬として、のべ数億人もの人びとを失明や命の危機から救っています。

大村智博士

*風土病：限られた地域で流行がくり返しおこる病気

発酵がささえる わたしたちのくらし

発酵は人の命もすくう!

発酵によってできるものは、食べものばかりではありません。じつは薬をつくることにも役立っています。

「抗生物質」という薬は、病気をひきおこす細菌の活動をおさえたり、細菌をやっつけたりするはたらきをします。この抗生物質の多くが、微生物の発酵によってつくりだされているのです。

最近は心臓病やガンなどの治療薬にも、発酵でつくりだした成分がたくさん使われています。発酵は、わたしたちを病気から守ってくれているのですね。

発酵deたんじょう!
青カビ → ペニシリン
放線菌 → ストレプトマイシン

薬の世界は、発酵パワーであふれているわ。

イギリスの細菌学者アレクサンダー・フレミングは、1929年、青カビがつくりだすペニシリンを発見した。その後、ペニシリンから抗生物質がつくられ、多くの人の命がすくわれた。この功績により、フレミングは1945年にノーベル生理学・医学賞を受賞した。

日本でも1951年まで死因の第1位としておそれられていた結核にきく抗生物質ストレプトマイシンは、1944年にアメリカの細菌学者セルマン・ワクスマンにより発見された。これは放線菌という微生物のなかまが、発酵によってつくりだしたもの。

発酵がつくる日用品

発酵の技術は、食べものや薬にとどまらず、多くの日用品にも応用されています。

たとえば、ジーンズに使われるデニム生地では、美しい青をだすために、藍という植物の葉を発酵させてつくった染め液を使い、ていねいに染めているものがあります。

ほかにも、洗剤や化粧品などさまざまな日用品で微生物の発酵が利用されています。

藍を発酵させて染め液をつくるかま

発酵でつくられた染め液を使ったジーンズ

洗剤や化粧品には、発酵でつくられた成分がふくまれる製品がある

身のまわりにある日用品でも発酵がかつやくしているなんて、オドロキ！

\知りたい！/ 発酵まめちしき

発酵で栄養素をつくりだす！

ビタミンはやさいやくだものにふくまれる体の調子を整える栄養素です。人は体の中でビタミンをつくることができないので、食べものからとる必要があります。最近は「ビタミンC　1000ミリグラム」などとかかれた、ビタミン飲料がたくさん販売されていますが、こうしたビタミンの多くは、いくつかの工程でつくられていて、その工程のひとつに微生物がもっている発酵のちからが利用されています。

ビタミン入りのジュース

大地をつくる微生物

土の中の循環システム

発酵は、じつは土の中でも行われています。秋から冬にかけて、地面をおおうかれ葉を食べて分解するのは、ダンゴムシやミミズなどのちいさな虫たちですが、その虫たちのフンを分解し、発酵させて植物の養分をつくる手助けをするのが微生物なのです。1グラムの土の中に1億以上もいるといわれる微生物が、地球環境の循環システムでも大事な役割をはたしているのです。

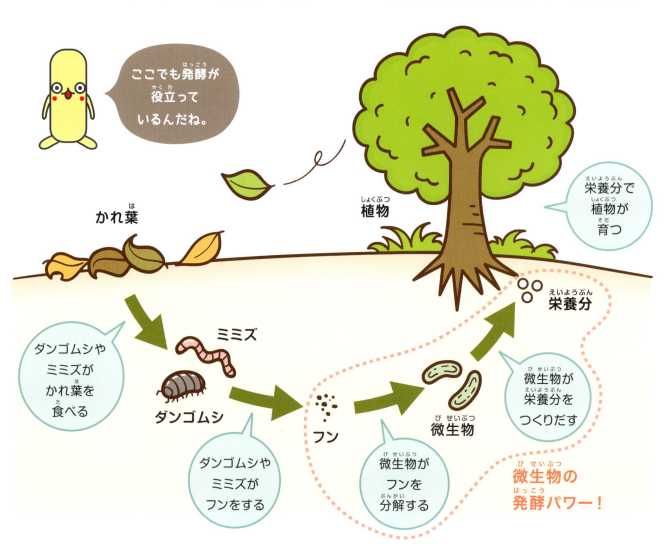

畑や牧場でみられる発酵

　おいしいやさいを育てるためには土づくりが大切です。むかしから土の栄養分をふやすために、堆肥*とよばれる肥料が使われてきました。この堆肥づくりにも微生物のちからがはたらいています。堆肥は家庭でも生ごみなどを利用してつくることができます。プランターやダンボールなどを利用をすれば、必要な分だけつくることもできます。

　また、牧場でも発酵のちからは使われています。牧場や牧草地などで、ビニールがかけられた大きなかたまりを見たことはありませんか？　牛のエサとなる牧草は、冬になると不足しがちです。そのため、夏のあいだに刈り取った牧草をまるめてビニールをかけ、発酵させ、牛の保存食にしているのです。

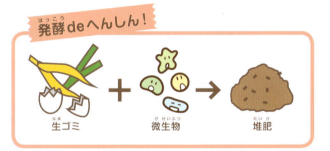

堆肥は、微生物が分解してつくっているんだ。コンポストともよばれるよ。

コンポスト
生ごみなどを分解・発酵して堆肥（コンポスト）にする容器。

ビニールでおおい牧草を発酵させている

\ 知りたい！/
発酵まめちしき

発酵とたねなしブドウ

　ブドウにはたねがあるものと、ないものがありますね。じつは、たねなしブドウをつくるときにも発酵のちからが利用されています。

　植物は成長するときに、ジベレリンという物質をつくります。このジベレリンは、発酵のはたらきを利用して人工的につくることもできるのです。ジベレリンにブドウの花をつけると、たねがないまま実が熟すことがわかり、たねなしブドウの生産がすすみました。

たねのない巨峰とマスカット

＊堆肥：生ゴミ、家畜のフン、もみがら、わらなどを使った肥料の一種

やってみよう！プランターコンポストづくり

学校や家にあるプランターを使って、やさいくずなどの生ごみを堆肥にへんしんさせてね！

準備するもの

道具
- ★ プランター（はばが70cmほどの大きめのもの）
- ★ レンガ…4つ
- ★ 園芸用の軽石…3L
- ★ あみぶくろ（タマネギなどを入れるネットなど）
- ★ ほうちょう
- ★ まな板
- ★ 新聞紙
- ★ 園芸用のスコップ
- ★ 古いシーツ（または、バスタオルなど）
- ★ ビニールひも　★ 雨よけ用の板（ベニヤ板など）

材料
- ★ 土（雑木林の土や、使っていない畑からほった土。花ややさいを育てたあとのはち土でもよい）
- ★ 水
- ★ 生ごみ
- ★ 米ぬかぼかし（または、米ぬか）

米ぬかぼかしには、生ごみの分解・発酵を助けてくれる微生物がたくさんすんでいるのよ。米ぬかぼかしがなければ、米ぬかでもいいわ。

つくりかた

1 プランターを設置する

プランターは、雨にぬれない場所で、なるべく直射日光があたらないところにおく。レンガなどの上において、プランターの下を空気が通るようにする。

コンポストづくりは、必ずベランダや庭でやってね。ハエなどの虫がよってくることもあるので、室内におくのはさけてね。

2 プランターの準備をする

水はけがよくなるように、プランターの底に軽石を入れる。このとき軽石が土とまじらないように、あみぶくろに入れて、プランターの底にしく。

3 土を入れ、しめらせる

プランターの8分目くらいまで土を入れ、水をくわえてしめらせる。土を手でにぎってからひろげたとき、いくつかのかたまりに分かれるくらいのしめり具合がよい。

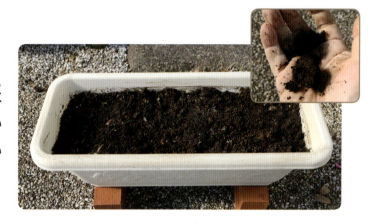

4 生ごみを準備する

生ごみが大きいと分解に時間がかかるので、やさいくずなどは、ほうちょうで、はば1～2センチメートルにきざんでおく。食べのこしはざるなどにあけて、水分をよく切っておく。塩分が入っているみそ汁の具などは、水であらっておこう。

5 生ごみをほす

準備した生ごみを新聞紙に広げて、米ぬかぼかし（または米ぬか）をひとにぎりふりかける。完全にかわいてしまうと分解されにくくなるので、30分ほどほす。

生ごみは、分解しやすいものと、しにくいものがあるわ。また、ほしているときにカビが生えたり、くさったりしたものは、堆肥には向かないので入れないようにしてね。

分解しやすいもの
コーヒーのかす、お茶がら、肉、天かす（あげ玉）、ジャガイモの皮などのやさいくず、リンゴやバナナなどくだものの皮、魚介類の身

分解しにくいもの
魚の骨、とうもろこしのしん、トリやウシの骨、貝がら、カニやエビのから

ひとくふう

魚の骨は、はさみで細かくしておき、トリやウシの骨はかなづちでたたいてつぶしておくと分解が早くなる。

6 生ごみをまぜる

スコップでプランターの土にあなをあけ、5の生ごみを入れる。生ごみを土とまぜてから、上から土をかぶせてうめる。生ごみが土の上に出ていると、においの原因になったり、ハエなどの虫がよってきたりするので注意する。

7 ふたをする

プランターの上部を古いシーツなどでおおって、まわりをビニールひもでしっかりしばる。その上に、雨よけのためのベニヤ板などをおく。板の上には、石やレンガをおいて、風でとばされないようにする。

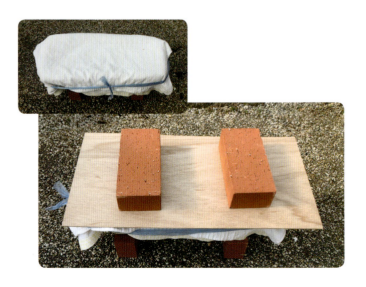

8 生ごみを入れつづける

4と5の処理をした生ごみを1日から数日に1回入れる。生ごみの量が土の3分の1くらいなったら入れるのをやめる。

> 一度にたくさんの生ごみを入れると分解できないのよ。1回に250〜300ｇくらいを目安にしてね。

9 発酵させる

プランターにおおいをしたまま発酵させる。週に1回、スコップで生ごみと土をよくまぜて、1か月ほどおき、完全に生ごみの形がなくなり、くさったにおいがしなければ完成。

ひとくふう
冬は、ビニールでおおって保温する。

> 土のほかに、入れると役立つものがあるわ。

腐葉土 かれ木やかれ葉が微生物や小動物に分解されて土のようになったもの。雑木林などで自然にできる。園芸店やホームセンターで手に入る。

竹パウダー 竹をすりつぶしてこな状にしたもの。微生物がつきやすく、においをおさえる効果がある。

竹炭 竹でつくった炭。水分を調節し、においをおさえる効果がある。

\使おう！/ 発酵のチカラ

コンポストを使って、花ややさいを育てよう

プランターコンポストができあがったら、やさいや花を育てるときに使いましょう。まず黒土や赤土、鉢植えで使った古い土に腐葉土などをまぜたものを基本の土として準備します。基本の土の5分の1ほどの量のコンポストを入れ、よくまぜて、そのまま2週間〜1か月おいてから、花ややさいのなえを植えたり、たねをまいたりして育ててみましょう。

プランターコンポストを使って育てた植物

未来をつくる発酵のちから

発酵がつくりだす技術

　菌や酵母、カビなどの微生物は、地球のあちこちにいます。生きものの体や、わたしたちのまわりだけではなく、100℃をこえる火山のまわりやマイナス70℃にもなる北極や南極の氷河でも見つかっています。その種類や数が現在でも正確にわからないほどたくさん存在しているのです。

　近年、さまざまな分野で発酵を利用した研究がすすめられていますが、まだ発見されていない微生物によって、今後新しい技術がつくられるかもしれません。微生物の発酵が、これからも社会で役立つことが期待されています。

バイオプラスチック

　プラスチックは、ふつう石油からつくられています。軽くてさまざまな形に加工できるため便利な素材ですが、ごみとして燃やすと有害なガスを発生させることがあり、土の中にうめても分解されずにのこります。しかし、バイオプラスチックは、土の中にうめると微生物によって分解され、水と二酸化炭素になるというとくちょうがあります。バイオプラスチックは、発酵の技術を使ってつくられた環境にやさしい新しい素材です。

バイオプラスチックはトウモロコシなどを原料にしてつくられているんだよ！

ごみぶくろ

トレイ

フォークとナイフ

バイオプラスチックでつくった製品

下水処理でかつやくする発酵技術

家庭や工場から出たよごれた水は、下水処理場に運ばれます。ここでも発酵の技術が使われています。

よごれた水をきれいにする

反応タンクの中で、微生物は水のよごれを食べて分解し、水や炭酸ガス（二酸化炭素）などにつくりかえている。

| よごれた水 | | | | きれいな水 |

よごれた水に微生物をふくむ泥（活性汚泥）をまぜる／微生物はよごれを食べてふえる／微生物はふえると、集まってくっつく性質がある／くっついた微生物はタンクの底へしずんでいく／上ずみの水がきれいになる

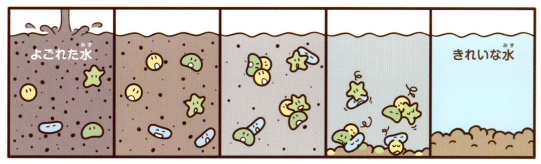

小さなよごれをしずめる　最初沈殿池／反応タンク／最終沈殿池　汚泥と水を分ける
空気／空気／消毒剤
下水　汚泥　汚泥　消毒設備　水を消毒
→ 汚泥消化槽、または汚泥処理施設

汚泥からつくるエネルギー

下水を処理するとき、たくさんの微生物がふくまれた汚泥ができます。この汚泥を汚泥消化槽に運んであたためると、発酵がすすんで汚泥の量が減るとともに、メタンガスが発生します。メタンガスは、天然ガスにふくまれている成分で、このガスを利用して電気をおこしている下水処理場もあります。

菌というと体に悪いイメージがあるかもしれないけど、こんなに人間の役に立っているんだ。むかしも今も人間と深いかかわりがある微生物の発酵パワーは大きな可能性があるね！

さくいん

ア行
- アイラン … 12, 22
- 亜鉛 … 10
- 青カビ … 21, 33, 36
- 青森県 … 19
- 秋田県 … 15, 19
- アケビのなれずし … 19
- 飛鳥時代 … 16, 17
- 安土桃山時代 … 17
- あま酒 … 6, 8, 17
- アミノ酸 … 21, 25
- アメリカ … 21, 23, 36
- アルコール … 28, 29
- 阿波晩茶 … 12
- アンチョビ … 15, 22
- イースト … 24, 26, 27, 29, 30, 31
- イカの塩辛 … 15
- イギリス … 21, 23, 36
- イギリスパン … 29
- 池田菊苗 … 17, 35
- 伊豆七島 … 9, 15, 19
- イタリア … 14, 20, 22
- 糸引き納豆 … 17, 24
- いぶりがっこ … 19
- イベルメクチン … 35
- イラク … 20
- インジェラ … 22
- インド … 12, 22
- インドネシア … 23
- うま味 … 8, 17, 35
- エチオピア … 22
- 江戸時代 … 9, 16, 17
- エメンタールチーズ … 20, 29
- オーストラリア … 23
- 大村智 … 35
- 沖縄県 … 18
- オランダ … 21, 34

カ行
- 鹿児島県 … 18
- カタクチイワシ … 7, 15, 22
- カツオ … 8, 16
- かつおぶし … 3, 6, 8, 14, 16, 17, 35
- カツオブシカビ … 3, 8,
- カビ … 3, 14, 18, 24, 42, 44
- 鎌倉時代 … 16, 17
- カマンベールチーズ … 33
- カリウム … 11
- カルシウム … 10, 11
- 韓国 … 9, 20, 21, 23
- かんずり … 19
- キシュク … 22
- 気泡 … 29
- キムチ … 20, 21, 23
- 牛乳 … 6, 8, 10, 12, 25
- 京都府 … 18
- 魚しょう … 15, 16, 20, 21, 23
- 菌 … 3, 24, 44, 45
- 金華火腿（金華ハム） … 14
- 金山寺（径山寺）みそ … 16, 17, 19
- くさや … 9, 15, 17, 19
- 熊本県 … 18
- 黒酢 … 12, 18
- 下水処理 … 45
- 碁石茶 … 18
- こうじ … 16, 17, 18, 19
- コウジカビ … 3, 8, 12, 16, 17, 24, 25, 35
- 抗生物質 … 36
- 高知県 … 18
- 酵母 … 3, 24, 26, 27, 28, 29, 30, 34, 44
- 米ぬかぼかし … 40, 41
- ゴルゴンゾーラチーズ … 20, 33
- コレステロール … 11
- コンポスト … 39, 43

サ行
- 酢酸菌 … 3, 23, 24
- 酒 … 16, 17, 20, 23, 24
- サラミ … 14
- ザワークラウト … 22
- サワークリーム … 22
- 塩辛 … 15
- 塩づけ … 7, 14, 15, 18, 19, 22
- 滋賀県 … 19
- シュールストレンミング … 9
- しょうゆ … 3, 9, 16, 17, 24, 28
- 食酢 … 16, 17
- 食パン … 29
- しょっつる … 15
- 白カビ … 33
- 酢 … 3, 12, 24
- スイス … 20
- スウェーデン … 9
- すぐきづけ … 18
- ストレプトマイシン … 36
- スペイン … 14, 22
- スメタナ … 22
- すんきづけ … 13, 19
- 酥 … 11

タ行
- タイ … 23
- 醍醐 … 11
- 大豆 … 6, 11, 19, 23, 25
- 堆肥 … 39, 42
- タカジアスターゼ … 35
- 高菜づけ … 18
- 高峰譲吉 … 17, 35
- たねこうじ … 16, 17
- たねなしブドウ … 39
- タバスコ … 21, 23

炭酸ガス	28, 29, 30, 31, 45
タンパク質	11, 17, 25
チーズ	3, 6, 9, 10, 11, 17, 20, 23, 24, 29, 33
チェダーチーズ	21
乳	11, 12, 20
中国	12, 14, 16, 17, 20, 23
テンペ	23
ドイツ	22
東京都	19
とうふよう	18
糖類	8, 28, 29, 31
徳島県	12
鳥取県	18
トルコ	12, 22

ナ行

長野県	13, 19
ナタ・デ・ココ	23
ナチュラルチーズ	10
納豆	3, 6, 11, 23, 25
納豆菌	3, 11, 24, 25
生ハム	14
奈良時代	11, 16
なれずし	16, 20
ナン	22
ナンプラー	23
新潟県	19
二酸化炭素	28, 44, 45
日本	9, 15, 16, 17, 18, 35, 36
乳酸菌	3, 7, 8, 13, 14, 18, 24, 25, 29
ニュージーランド	23
乳清	20
乳製品	11, 12, 17
ぬかづけ	9, 17

ハ行

バイオプラスチック	44
パスツール	21, 34
発酵	3, 6, 7, 8, 9, 12, 13, 14, 15, 16, 18, 19, 21, 22, 23, 24, 25, 28, 29, 30, 32, 33, 34, 35, 36, 37, 38, 39, 40, 43, 44, 45
発酵飲料	12, 13
発酵食品	3, 6, 7, 8, 9, 10, 11, 12, 13, 15, 16, 17, 18, 19, 20, 21, 22, 24, 33
発酵つけもの	11, 13, 19, 22, 24
発酵バター	9
発酵パン	17, 20, 22
ハモン・セラーノ	14
パルメザン	10
パン	3, 24, 29
パン酵母	24, 25
ビール	3, 17, 20, 28
ビール酵母	23, 28
ひしお	16, 17, 20
微生物	3, 7, 9, 10, 21, 24, 25, 26, 29, 32, 33, 34, 35, 36, 37, 38, 39, 40, 43, 44, 45
ビタミン(類)	10, 11, 37
ビタミンB_2	10, 11
ビタミンB_6	11
ビタミンK	10, 11
びんづめ	15
フィリピン	23
プーアール茶	12, 23
福井県	15
福岡県	18
ふなずし	16, 19
腐敗	32, 33, 34
ブラジル	23
フランス	15, 21, 34
フランスパン	29
プランターコンポスト	40, 43
プルケ	23
フレミング	36
プロセスチーズ	10
プロピオン酸菌	29
平安時代	11, 16
へしこ	15
ベジマイト	23
ペニシリン	21, 36
放線菌	36
ホエー	20
北海道	19
ポン・デ・ケイジョ	23
ホンオフェ	9

マ行

マーマイト	23
マグネシウム	11
みしょう	17
みそ	3, 9, 16, 17, 24
みそ汁	16, 35
ミネラル	10, 11
みりん	17
無塩つけもの	13, 19
室町時代	16, 17
メキシコ	23
メソポタミア	20
メタンガス	45
めふん	19
もち米	8
もろみ	28

ヤ行

葉酸	11
ヨーグルト	3, 6, 8, 12, 17, 20, 22, 24, 25

ラ行

らっきょうづけ	18
ラッシー	12
リン	11
レーウェンフック	21, 34
レバノン	22
ロシア	22

ワ行

ワイン	3, 17, 21, 24, 34
ワイン酵母	24
和歌山県	19
ワクスマン	36

● 監修者

小泉 武夫（こいずみ たけお）

東京農業大学名誉教授。農学博士。専門は、醸造学、発酵学、食文化論。発酵と食文化についての深い見識をもち、研究のかたわら、執筆、講演、テレビ・ラジオ出演など多方面で活躍。
著書に、『発酵―ミクロの巨人たちの神秘―』（中央公論新社）、『いのちをはぐくむ農と食』（岩波ジュニア新書）、『FT革命―発酵技術が人類を救う』（東洋経済新報社）、『食と日本人の知恵』（岩波現代文庫）など多数。

● 執筆

中居 惠子

● イラスト

片庭 稔

● キャラクター

いとうみつる

● 撮影

木藤 富士夫（p.26-27）

● 取材協力

吉澤 結穂ちゃん（p.26-27）　**吉澤 心実ちゃん**（p.26-27）

● 写真提供

アサヒ飲料株式会社／井川発酵株式会社／王滝観光総合事務所／開田高原Cafe Kaze／株式会社ジャパンブルー／株式会社Mizkan／協和発酵キリン株式会社／神津小学校／ごみゼロナビゲーション（NPO iPledge）／サッポロホールディングス株式会社／サラヤ株式会社／ハウス食品グループ本社株式会社／PIXTA／フォトライブラリー／丸金商店／有限会社内田プラスチック／有限会社かんずり／矢部未来（パン教室FUCCA）／弓削多醤油株式会社／洋望荘／自然食研究所／歴史公園えさし藤原の郷／AlejandroLinaresGarcia／Allagash Brewing／AL RABIN／Antti T. Nissinen.jpg／Doug Beckers／Kansir／Lapplaender／Mavigogun／Mr.kototo／Peganum／Rainer Zenz／stu_spivack／U.S. Department of Agriculture

● 編集・デザイン

ジーグレイプ株式会社

● 参考文献

有機農産物普及・堆肥化推進協会編
『やってみませんかダンボールコンポスト』合同出版、2016年

サンダー・E・キャッツ著、きはらちあき訳
『天然発酵の世界』築地書館、2015年

舘 博監修『図解でよくわかる 発酵のきほん』
誠文堂新光社、2015年

川崎市環境局・ごみ減量推進市民会議
『チャレンジ生ごみダイエット』2013年

小泉武夫・金内誠・舘野真知子監修
『すべてがわかる！「発酵食品」事典』世界文化社、2013年

栗原堅三著『うま味って何だろう』岩波ジュニア新書、2012年

小泉武夫編著『発酵食品学』講談社、2012年

協和発酵工業（株）編
『トコトンやさしい発酵の本』日刊工業新聞社、2008年

小泉武夫著
『菌が地球を救う―あなたのまわりの発酵菌が人を幸せにする』宝島社新書、2007年

日本土壌協会
『これなら楽しいやってみたい 生ごみ堆肥のつくり方・使い方』日本土壌協会、2006年

日本微生物生態学学会教育研究部会編著
『微生物ってなに？』日科技連出版社、2006年

小崎道雄著『乳酸菌―健康をまもる発酵食品の秘密』
八坂書房、2002年

岩田進午・綱島不二雄監修
『これでわかる生ごみ堆肥化Q&A―知っておきたい88の理論と実践』合同出版、2002年

秋山裕一著『日本酒』岩波新書、1994年

鴇田 文三郎著『チーズのきた道』河出書房新社、1991年

食べものが大へんしん！ 発酵のひみつ

もっと知ろう！ 発酵のちから

初　版	第1刷　2017年3月25日
	第2刷　2019年4月15日

発　行　　株式会社ほるぷ出版
　　　　　〒101-0051 東京都千代田区神田神保町3-2-6
　　　　　電話　03-6261-6691
発行人　　中村宏平
印刷所　　共同印刷株式会社
製本所　　株式会社ハッコー製本

NDC596　270×210mm　48P
ISBN978-4-593-58755-1　Printed in Japan

落丁・乱丁本は、購入書店名を明記の上、小社営業部宛にお送りください。送料小社負担にて、お取り替えいたします。